Mobilmachungsbestimmung und Etat

für das

Infanterie-Regiment von Möllendorf

vom 01.01.1800

Jörg Titze (Hrsg.)

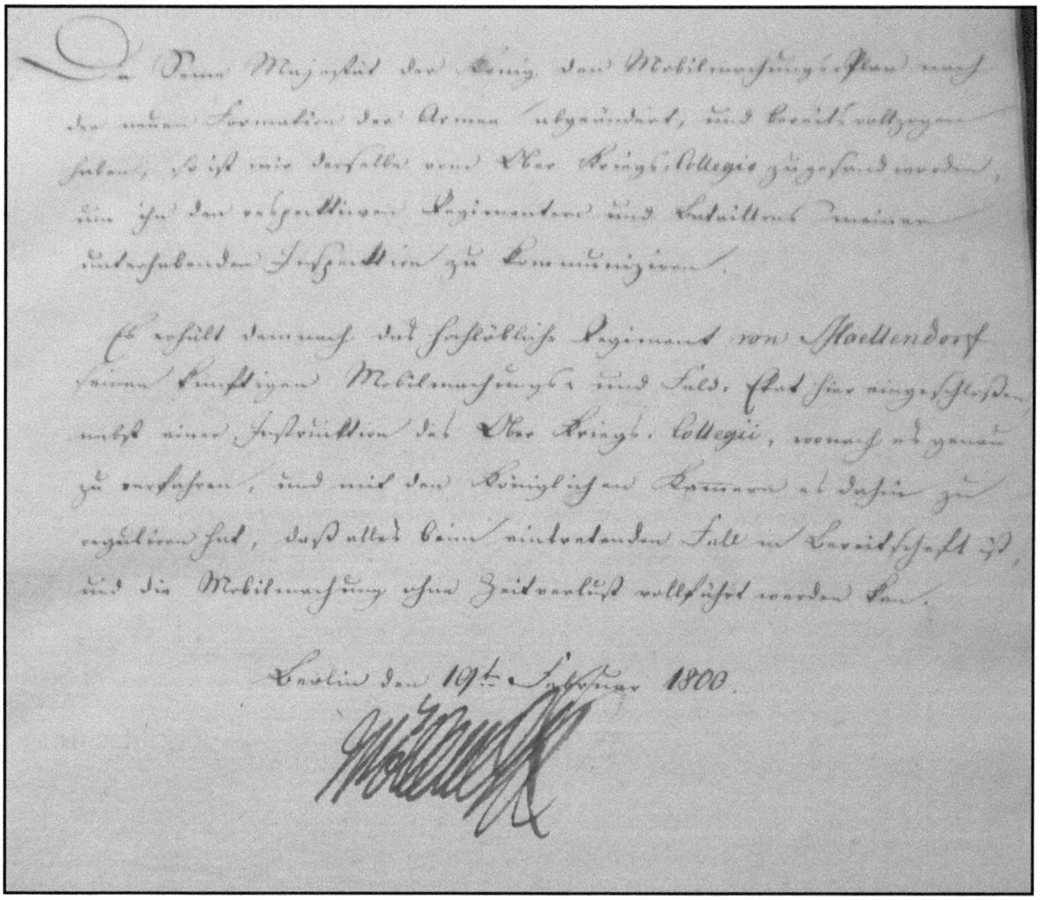
Da Seine Majestät der König den Mobilmachungsplan nach der neuen Formation der Armee abgeändert, und bereits vollzogen haben, so ist mir derselbe vom Ober Kriegs Collegio zugesandt worden, um ihn den sämtlichen Regimentern und Bataillons meiner unterhabenden Inspection zu communiciren.

Es erhält demnach das hochlöbliche Regiment von Moellendorf seinen künftigen Mobilmachungsplan und Etat hier eingeschlossen nebst einer Instruction des Ober Kriegs Collegii, wonach es genau zu verfahren, und mit den Königlichen Kammern es dahin zu reguliren hat, daß alles beim eintretenden Fall in Bereitschaft sey, und die Mobilmachung ohne Zeitverlust vollführet werden kann.

Berlin den 19ten Februar 1800.

Möllendorff

Abb.01 Schreiben der Generalfeldmarschalls von Möllendorf vom 19.02.1801 (da das hierzu gehörige Schreiben des Ober-Kriegs-Kollegiums vom 07.02.1801 datiert, kann die Jahresangabe 1800 nicht richtig sein).

Mobilmachungsbestimmung sowie Etat

für das

Infanterie-Regiment von Möllendorff

vom 01.01.1800

Bibliographische Information der Deutschen Bibliothek

Die Deutsche Bibliothek verzeichnet diese Publikation in der Deutschen National-bibliographie; detaillierte bibliographische Daten sind im Internet über http://dn-b.ddb.de abrufbar.

Die Deutsche Bibliothek – CIP – Einheitsaufnahme

Jörg Titze (Hrsg.)

Mobilmachungsbestimmung sowie Etat für das Infanterie-Regiment von Möllen-dorff vom 01.01.1800

ISBN 978-3-7693-1369-7

Verlag: BoD · Books on Demand GmbH, In de Tarpen 42,

22848 Norderstedt, bod@bod.de

Druck: Libri Plureos GmbH, Friedensallee 273, 22763 Hamburg

1.   Einleitung

Im Geheimen Staatsarchiv Preußischer Kulturbesitz in Berlin-Dahlem liegt unter der Aktenklassifizierung

IV. HA, Rep. 16, Nr. 635 Mobilmachungsbestimmung sowie Etat für das Infanterie-Regiment Nr. 25 - 1800 - 1801

eben jener Mobilmachungs-Plan für das Infanterie-Regiment von Möllendorff (Nr. 25), welcher hier nachfolgend vollumfänglich wiedergegeben wird.

Berücksichtigt sind auch die mit Neuorganisation der Exerzierbatterien der Artillerie einhergehenden Veränderungen in der Gestellung der Knechte aus dem Kanton von Anfang Februar 1801.

Diese Mobilmachungsbestimmung hat Gültigkeit für die Mobilmachungen von 1805 und 1806, da die mit AKO vom 05.07.1806 verfügte Neuformierung der Infanterie nicht zur Ausführung gelangte.

Im Anhang beigefügt ist die in die Mobilmachung von 1806 hineinwirkende AKO von 05.07.1806 zur neuen Formation der Infanterie[1].

Mein Dank gilt wieder dem Personal des Geheimen Staatsarchiv für die problemlose Bereitstellung der Akte und die Möglichkeit zum Kopieren.

Eilenburg im Februar 2025

Ihr

      Jörg Titze

---

[1] Quelle Geheimes Staatsarchiv Berlin II. HA GD, Abt. 6, II Nr. 166

Da Seine Majestät der König den Mobilmachungs-Plan nach der neuen Formation der Armee abgeändert, und bereits vollzogen haben, so ist mir derselbe vom Ober-Kriegs-Collegio zugesandt worden, um ihn den respektiven Regimentern und Bataillons meiner unterhabenden Inspection zu kommunizieren.

Es erhält demnach das hochlöbliche Regiment von Möllendorf seinen künftigen Mobilmachungs- und Feld-Etat hier eingeschlossen, nebst einer Instruktion des Ober-Kriegs-Collegii, wonach es genau zu verfahren, und mit den Königlichen Cammern es dahin zu regulieren hat, daß alles beim eintretenden Fall in Bereitschaft ist, und die Mobilmachung ohne Zeitverlust vollführt werden kann.

Berlin den 19ten Februar 1800

Möllendorf

Wenn die Armee zu Felde marschieren soll und mobil gemacht wird, dann hat das Königliche Infanterie-Regiment von Möllendorf folgendes zu beobachten, worüber jedoch zu seiner Zeit noch Ordre erfolgt.

1) Sobald der Befehl dazu eingehet, setzt sich das Regiment sofort dergestalt in marschfertigen Stand, daß es an dem dazu bestimmten Tage vollkommen mobil sey, und wenn die Ordre zum Aufbruch kömmt, sogleich ausmarschieren könne.

2) Sämtliche Beurlaubten ohne Ausnahme, mithin auch diejenigen Leute, welche gewöhnlich während der Exercier-Zeit abwechselnd zu Hause bleiben, werden dergestalt einbeordert, daß sie alle auf den dazu bestimmten Tag bey der Fahne sind.

3) Die nach der Nachweisung erforderlichen Knechte werden zu rechter Zeit mit Zuziehung der Civil-Behörden, ausgehoben.

4) Für das Regiment wird kein Augmentations-Officier ernannt.

5) Das 3te Bataillon wird mit   1 Officier
                12 Unter Officiers
            160 Ausländer   \   Gemei-
            160 Einländer   /   nen

in gewöhnlicher Art augmentiert, hierzu gibt das Regiment und dessen beyde Grenadier-Compagnien die 10 Ausländer per Compagnie, welche es über den Etat hat, an das 3te Bataillon ab, dies
sind   120 Ausländer
die übrigen   40   dto.   aber werden angeworben, die Unterofficiers aus dem Regiment genommen und aus dem Canton ersetzt, auch die 160 Einländische Rekruten zu der Augmentation im Canton ausgehoben, bewaffnet und einmondirt, und samt den übrigen Mondirungs- und Armatur-Stücken des Augmentations-Depots für die angeworbenen Ausländer dem 3ten Bataillon übergeben.

6) Die Regiments-Werbung wird mit Ende des laufenden Monats geschloßen, und vom 1sten des angehenden Monats, für Königliche Rechnung beym 3ten Bataillon geworben

7) Das Regiment muß gerade complett ausmarschieren, auch dafür sorgen, daß seine Grenadiers vollzählig sind, und sich, wenn es manquirende hat, oder durch die Abgabe an die Grenadiers erhält, aus dem 3ten Bataillon ergänzen.

8) Die Werbe-Officiers der Linien-Infanterie werden durch Officiers der 3ten Bataillons abgelöset, es sey denn, daß sie wegen Invalidität oder Schwächlichkeit die Campagne nicht mitmachen könnten, als denn solches sogleich angezeigt wer-

den muß. Die Werbe-Unterofficiers aber können entweder stehen bleiben, oder durch Unterofficiers der 3ten Bataillons abgelöset werden.

Diese setzen die Werbung auf Königliche Kosten fort, und meldet sich der Officier wegen der nötigen Werbe-Gelder beym General-Werbe-Inspecteur.

Der Officier des 3ten Bataillons der auf Werbung commandirt wird, muß nicht eher abgesendet werden, bis der General-Werbe-Inspecteur seine Arrangements gemacht und das Regiment davon avertirt hat, weil es die Werbung in Verwirrung bringen könnte, wenn alle Officiers auf einmal ohne lange genug vorher gegangene Anzeige abgelößt würden. Das Regiment muß sich daher casu existente deshalb mit dem General-Werbe-Inspecteur in Correspondenz setzen.

Die Pferde, das Equipage-Geld und der Knecht, für einen auf Werbung stehenden Officier werden asservirt, bis er abgelößt ist, bis dahin werden zwar seine 2. Rations, jedoch nur 1. Portion für den Knecht, für ihn empfangen, und wird Sorge getragen, daß seine Pferde und Sachen in guter Aufsicht gehalten werden, damit er bei seiner Ankunft alles vorfinde.

9) Woher das Regiment casu existente die in natura zu empfangenden Pferde herbekommt, davon muß sich dasselbe in Friedenszeiten beständig au fait erhalten, und deshalb mit den concernirenden Krieges und Domainen-Kammern sich in Zeiten besprechen. Diese Pferde werden bey der Mobilmachung durch dazu zu commandirende Officiers empfangen.

10) Die Knechte so das Regiment aus seinem Canton zu gestellen hat, müssen nach den gewöhnlichen Bestimmungen ausgewählt und beständig aufgezeichnet seyn, auch bey jeder Canton-Revision ergänzt werden.

Die in der Einlage enthaltene Designation der aus dem Canton zu gestellenden Knechte, enthält die Totalität der Knechte, die das ganze Canton zu gestellen hat.

Da aber das Canton des Regiments in mehreren Provinzen liegt, so ist es nötig festzusetzen, wieviel davon der Distrikt jeder Provinz nach Verhältnis zu gestellen hat.

Das Regiment muß daher sogleich durch den Officier welcher gewöhnlich die Canton-Revisionen verrichtet, solches nach Maasgabe der zuletzt aufgenommenen Canton-Rollen ausmitteln und bestimmen lassen, und jeder concernirenden Cammer diese Bestimmung ungesäumt zufertigen, auch Abschrift dieser ganzen Einteilung zur Nachricht anhero baldmöglichst einsenden.

Die p. Cammern aber sind angewiesen, die diesfalsigen Bestimmungen des Regiments, zu adoptiren.

11) Mit der beym 3ten Bataillon zu etablirenden Königlichen Werbe-Casse wird wie gewöhnlich gehalten; zu derselben fließt das Tractament der Vacanten, nicht aber das kleine Mondirungs-Geld, welches den Capitains verbleibt; je-

doch fließt das kleine Mondirungs-Geld von der Augmentation so lange zu dieser Casse, bis die Augmentation vollzählig ist; als dann es dem Zweyten Departement des Ober-Krieges-Collegii gemeldet werden muß, und dieses gestatten wird, daß von dem Zeitpunkt an, auch das kleine Mondirungs-Geld der Vacanten der Augmentation den Capitains des 3ten Bataillons verbleiben; wogegen selbige sodann die erste Einkleidungs-Kosten selbst bestreiten müßen.

Aus dieser Werbe-Casse wird auch das gewöhnliche Einfange-Geld für eingebrachte Deserteurs genommen und in Rechnung gebracht.

Das 3te Bataillon erhält deshalb, es mag complett seyn oder nicht, beständig die volle Verpflegung und etablirt sogleich eine Grenz-Werbung an dem jetzt füglichsten Orte, welche nach Beschaffenheit der Umstände, und in sofern sie gut von statten gehet, stehen bleibt, wenn gleich das 3te Bataillon in der Folge anderwärts hinmarschieren sollte.

Die im Reich auf Königlicher Werbung stehenden Officiers erhalten vom General-Werbe-Inspecteur = 30 Rtlr und die Unteroffiziers 10 Rtlr monatlich Werbe-Zulage, und nächst ihrem Tractament weiter nichts.

Nach diesem Maaßstabe werden die auf Grenz-Werbung stehenden Officiers und Unteroffiziers verpflegt.

Das 3te Bataillon wirbt auf seiner Grenz-Werbung nach der Krieges-Taxe; der Commandeur deßelben läßt die Werbe-Rechnung führen, und muß für die Casse stehen, daher derselbe sich gut vorsehen muß, damit er hiernächst die gehabten Werbe- und Transport-Kosten für jeden Rekruten gehörig belegen könne; auch gedachte Königliche Werbe-Rechnung dergestalt in beständiger Ordnung und Bereitschaft halten, daß selbige auf Erfordern zu jeder Zeit abgeschlossen und eingereicht werden kann. Demselben wird zu diesem Ende für einen Rechnungsführer monatlich = 12 Rtlr gut getan.

Zur Aufrechterhaltung der Werbe-Casse des 3ten Bataillons kann sich der Commandeur deßelben, jederzeit um Zuschuß an das Zweyte Departement des Ober-Krieges-Collegii wenden.

Da aber ein plötzlich eintretender Todesfall, oder ein sonst unvorherzusehender Umstand, den Fortgang der Ordnung in der Verfaßung der Werbe-Casse stören könnte, so soll außer dem Commandeur, noch ein Capitain des 3ten Bataillons zur Mitaufsicht über die Werbe-Casse bestimmt werden.

12) Beym Regiment werden vom Tage des Ausmarsches an, sämtliche Vacanten, der Feld-Krieges-Casse, aus welcher das Regiment die Verpflegung erhält, und zwar die würklich manquirenden als <u>vacant</u>, und die im Feld-Lazareth befindlichen Kranken, als <u>krank vacant</u> berechnet.

13) Alles was in dieser Instruktion das 3te Bataillon angehet, muß demselben gehörig bekannt gemacht werden.

14) Das Regiment giebt wie gewöhnlich 2. Compagnie Chirurgen an das Feld-Lazareth ab, sobald es zur Armee stößt, und nimmt dagegen zwey andere an, welche mit dem Tage des Ausmarsches in das Tractament der abzugebenden eintreten.

15) Die abzugebenden Compagnie-Chirurgen werden mit 7 Rtlr., die Lazareth-Aufseher, welche die einliegende Designation besagt, mit 10 Rtlr, und die Krankenwärter mit 4 Rtlr monatlich, für Rechnung des Feld-Lazareth bis zu ihrer Ablieferung verpflegt, und erhalten überdem eine tägliche Portion, worüber besonders quitirt wird.

16) Die Einlage enthält alle nötigen Etats und Designationen, so das Regiment und 3te Bataillon bedarf.

17) Da dies Regiment ursprünglich den Friedens-Verpflegungs-Etat eines Regiments mit dem Grenadier-Bataillons-Commandeur hat; so sind alle einliegenden alligierten Etats und Nachweisungen darauf paßend. Im Fall aber das Regiment zur Zeit der eintretenden Mobilmachung, gerade den Grenadier-Adjutanten haben sollte, sodann hat es einen Officier mehr; mithin werden als dann allen diesen Designationen und Etats, die Pferde, der Knecht, das Equipage-Geld, der Feld-Etat und der Rations- und Portions-Etat für einen Officier, diesem Regimente zugelegt und dem andern Regimente abgenommen.

In eben diesem Falle ist auch ein Major bey den Mousquetiers mehr, daher werden diesem Regimente sodann auch die Rations, Portions und der Knecht pp. für einen Major zugelegt, und dem andern Regimente abgenommen.

18) Diese provisorische Instruction samt den Etats müßen sorgfältig in der Regiments-Casse in Friedenszeiten aufbewahrt werden, und hiernach zu jeder Zeit alles zur Mobilmachung in Bereitschaft seyn.

Berlin den 1ten Januar 1800.

Königlich Preußisches Ober-Krieges-Collegium

Colong   Boyen   Goltz

Instruction
für das Königliche Infanterie-Regiment
von Möllendorf

Designation

Der zur Mobilmachung erforderlichen Etats und Nachweisungen
für das Infantere-Regiment v.Möllendorf

1.)	An Knechten empfängt das Regiment für sich, laut Designation A	137
	und für deßen 3tes Bataillon wenn es mobil gemacht wird, laut Designation B	29

1.) An Knechten empfängt das Regiment für sich,
laut Designation A   137

und für deßen 3tes Bataillon wenn es mobil gemacht
wird, laut Designation B   29

Ferner gestellet es aus seinem Canton
    an das Grenadier-Bataillon v.Knebel   31

        Erste Bataillon Garde   19

        Regiment Garde   10

        Füsilier-Bataillon v.Bila   50

und hält in Bereitschaft im Canton
    zur Disposition Seiner Königlichen Majestät   2

<u>und an Train-Knechten</u>
    zur ersten Mobilmachung der Artillerie in Berlin   105
    zur Reserve an die Churmärcksche p. Cammer   4

und hält in Bereitschaft im Canton
    zur etwaigen Vermehrung der Artillerie-Trains
    in Berlin   __3__

                    Summa   390

2.) An Pferden, laut Designation C
    für sich in natura   185
      an Gelde   102

und für deßen 3tes Bataillon, wenn es mobil gemacht wird,
laut Designation D in natura   41
      an Gelde   27

3.) An Equipage-Geld und Mobilmachungs-Kosten
    für sich laut Designation E   7830 rtr 5 gr —

und für deßen 3tes Bataillon, wenn es mobil gemacht wird,
laut Designation F   2035 rtr — —

4.) An Errichtungs-Kosten der Augmentation des 3ten Bataillons
    laut Designation G   1332 rtr 5 gr —

5.) Zur Instandsetzung der Regiments-Artillerie und Einmondirung
    der Artillerie-Knechte, laut Designation H
    für sich   576 rtr 17 gr 7 $\frac{3}{5}$ pf

und für deßen 3tes Bataillon wenn deßen Artillerie
mobil gemacht wird, laut Designation I   87 rtr 12 gr —

6.)   Das Regiment muß haben, für sich
4. Sechspfdge Canons und 2. Munitions-Wagen
samt der Munition welche die Designation K besagt

und deßen 3tes Bataillon
2. Dreypfdge Canons und 1. Munitions-Wagen
welche die Designation L besagt

7.)   das Regiment gestellet zum Feld-Lazareth an Aufsehern und Aufwärtern
nach Designation M

8.)   das Regiment erhält an Zuschußen zum ordinairen Friedens-Etat
nach Designation N monatlich   1400 rtr   8 gr 6pf

und für deßen 3tes Bataillon, laut Designation O
wenn es nicht mobilgemacht wird   1117 rtr 20 gr —
und   wenn es mobilgemacht wird annoch 116 rtr   7 gr
Summa monatlich   1234 rtr   3 gr —

9.)   An Rations und Portions empfängt das Regiment
für sich laut Designation P   317 Rations   1813 Portions

und für das 3te Bataillon laut Designation Q
wenn es nicht mobil gemacht wird   877 Portions
und wenn es mobil gemacht wird annoch   70 Rations   45 Portions
mithin in Summa   70 Rations   922 Portions

10.)   Außer der einländischen Augmentation seines eigenen 3ten Bataillons
gestellet das Regiment aus seinem Canton annoch
zur Formation des Füsilier-Depots von Bila   56 Cantonisten

A

Knechts-Bedarf
für
das Infanterie-Regiment von Möllendorf

Knechte

			Knechte
12. Brod- und 1. Staabs-Wagen			13
4. Staabs-Officiers			4
Zu den Zelterpferden			
die beyden Flügel-Compagnien	à 4	8	
die 8. übrigen Compagnien	à 3	24	32
Für 10 Capitains			
jedem 3 Knechte inclusive desjenigen so die Pferde mit den Mondirungsstücken führt			30
35 Subaltern-Officiers			35
annoch den beyden Adjutanten			2
dem Regiments-Chirurgus			2
″ Quartiermeister			1
Auditeur			1
Prediger			1
Zu den Wachtzeltern			2
4 Sechspfdgen Canons			10
2 Munitions-Wagen			4

Nota. das Regiment hat den Friedens-Verpflegungs-Etat eines Regiments mit dem Grenadier-Commandeur

____

Summa 107

B

Knechts-Bedarf
für
das 3te Bataillon des Infanterie-Regiments von Möllendorf

		Knechte
Zu 4. Brod-Wagen		4
Für 4 Capitains jedem 1 Knecht um die beyden Packpferde zu führen		4
annoch 1. Staabs-Officier		1
13 Subaltern-Officiers		13
dem	Bataillons-Chirurgus	1
Zu	2 Dreypfdgen Canons	4
	1 Munitions-Wagen	2
	Summa	29

C

Pferde-Bedarf
für
das Infanterie-Regiment von Möllendorf

Pferde

In natura / in Geld

			In natura	in Geld
12. Brod- und 1. Staabs-Wagen	à 4. Pferde		52	
zu den Zelterpferden				
die beyden rechten Flügel-Compagnien	à 8.	16.		
die 8. übrigen Compagnien	à 6.	48.	64	
zu den Wachtzeltern			2	
an 10. Capitains, jedem				
2. Packpferde für sich				
1. ″ zur Oeconomie				
2. ″ zu den Mondirungs-Stücken				
1. Reitpferd				
6 Stück				60
an 35. Subaltern-Officiers, jedem				
1. Packpferd in natura			35	
1. Reitpferd in Gelde				35
dem Regiments-Chirurgus zur Fortbringen der Medizinkasten				3
Regiments-Quartiermeister				2
Auditeur				1
Prediger				1
Für die Artillerie				
4. Sechspfdgen Canons	à 6.		24	
2. Munitions-Wagen	à 4.		8	

Nota. das Regiment hat den Friedens-Verpfegungs-Etat eines Regiments
mit dem Grenadier-Commandeur

	Summa	185	/ 102
			= 287

D

Pferde-Bedarf
für
das 3ᵗᵉ Mousquetir-Bataillon des Infanterie-Regiments von Möllendorf

		Pferde	
		In natura	in Geld
4. Brod-Wagen	à 4. Pferde	16	/
an 4. Capitains, jedem			
1. Packpferd für sich			
1. '' zu den Mondirungs-Stücken			
<u>1. Reitpferd</u>			
3. Stück			/ 12
an 13. Subaltern-Officiers, jedem			
1. Packpferd in natura		13	/
1. Reitpferd in Gelde			/ 13
dem Bataillons-Chirurgus			/ 2
Für die Artillerie			
2. Dreypfdgen Canons	à 4.	8	/
1. Munitions-Wagen	à 4.	4	/
	Summa	41	/ 27
		= 68	

E

Equipage-Gelder und Mobilmachungs-Kosten
für
das Infanterie-Regiment von Moellendorff

No.					Rtlr.	Gr.	Pf.
1	an Equipage-Geld	für 10. Capitains zur Reparatur der Packsattel für ihre					
		eigene und der Compagnie-Zelterpferde, ingleichen					
		der 3. Packsattel per Compagnie für die Pferde so die					
		Hakken und Schippen und die Mondirungs-Stücke					
		tragen; auch die Mondirungen für die Knechte machen					
		zu laßen und sich in marschfertigen Stand zu setzen,					
		jedem		150 rtr.	1.500		
2	annoch den beiden rechten Flügel-Compagnien, jeder auf 2 Packsattel						
		mehr	à	5 rtr.	20		
3	an 35. Subaltern-Officiers inclusive der Staabs-Capitains, ihre Pack- und						
		Reitsattel und was zur Equipage gehört, in Stand zu					
		setzen	à	30 rtr.	1.050		
4	dem Unterstab, und zwar						
		dem Regimentsquartiermeister		30 rtr.			
		dem Regiments-Chirurgo					
		zur Einrichtung der Feld-Medicin-Kasten					
		per Compagnie 20 rtr.	200 rtr.				
		zur Einrichtung von 3. Packsättel und zur					
		Equipage	60 rtr.	260 rtr.			
		dem Auditeur und Prediger à	30 rtr.	60 rtr.	350		
5	zur Reparatur von 12 Brod- und 1 Staabs-Wagen		à 20 rtr.		260		
6	zur Reparatur der 2 Packsättel zu den Wachtzelter-Pferden		à 5 rtr.		10		
7	zur ersten Einkleidung der Zimmerleute	rtr.	gr.	pf			
		1 Paar Schuhe	1	2			
		1 Hemde		12			
		1 Paar leinene Hosen		7			
		1 Paar Stiefeletten		12			
		1 Halsbinde		1	3		
		1 Haarband		2			
		20 Mann à	2	12	3	50	5
					=	3.240	5
8	für Pferde wird bonificirt						
	10 Capitains, jedem	2. Packpferde für sich					
		1. Packpferd zur Oeconomie					
		2. Packpferde zu den Mondirungs-Stücken					
		1. Reitpferd					
		6 Stück, macht	60. Pferde				
	an 35. Subaltern-Officiers	35.					
	dem Regiments-Chirurgo	3.					
	dem Regimentsquartiermeister	2.					
	dem Prediger und Auditeur à 1 Stück	2.					
		102. Pferde à 45 rtr in Geld			4.590		
		Summa	=		7.830	5	

F

Equipage-Gelder und Mobilmachungs-Kosten
für
das 3te Mousquetir-Bataillon des Infanterie-Regiments von Möllendorff

No.				Rtlr.	Gr.	Pf.
1	an Equipage-Geld	an 4. Capitains zur Instandsetzung der Packsattel				
		und Einkleidung der Knechte, jedem	60 rtr.	240		
2	an 13. Subaltern-Officiers Equipagegeld, jedem		30 rtr.	390		
3	dem Bataillons-Chirurgo					
		Equipage-Geld	30 rtr.			
		und zur Einrichtung der Medicin-Kasten	80 rtr.	110		
4	zur Reparatur der 4 Brod-Wagen inclusive Geschirr und Zubehör		à 20 rtr.	80		
			=	820		
5	Ferner für die Pferde					
	4 Capitains, jedem	1. Packpferd für sich				
		1. Packpferd zu den Mondirungs-Stücken				
		1. Reitpferd				
		3 Stück, macht	12. Pferde			
	an 13. Subaltern-Officiers		13.			
	dem Bataillons-Chirurgo		2.			
		27. Pferde à 45 rtr in Geld		1.215		
		Summa	=	2.035		

G

Werbe- und Einmondirungskosten
für
die Augmentation des 3ten Bataillons des Infanterie-Regiments von Möllendorff

	Rtlr.	Gr.	Pf.
Wenn das Regiment in Campagne marschirt, so wird eine jede Compagnie seines 3ten Bataillons mit 3 Unterofficiers und 80 Gemeinen augmentirt, worunter 40 Auländer und 40 Einländer Gemeine sein sollen.			
Die ganze Augmantation des 3ten Bataillons besteht demnach aus			
12 Unterofficiers 320 Gemeinen 160 Ausländern / 160 Einländern			
Die Errichtungskosten dieser Augmentation sind, nämlich			
das Regiment gibt bei der Mobilmachung = 120 Ausländer an das 3te Bataillon zur Augmentation ab.			
Es sind also nur die Werbekosten von 40 Ausländern zu vergüten à 20 rtr.	800		
Die großen Mondirungen für die ganze Augmentation an Unterofficiers und Gemeinen sind vorrätig und erfordern keine Bonification.			
An kleinen Mondirungs-Stücken zur ersten Einkleidung			

An kleinen Mondirungs-Stücken zur ersten Einkleidung

12	Unterofficiers
40	Ausländer
160	Enländer
in Summa 212	Mann betragen für jeden

	rtr	gr	pf
1 Paar Schuhe	1	2	
1 Hemde		12	
1 Paar leinene Hosen		7	
1 Paar Stiefeletten		12	
1 Halsbinde		1	3
1 Haarband		2	
	2	12	3

	Rtlr.	Gr.	Pf.
beträgt auf 212 Mann	532	5	
Summa =	1.332	5	

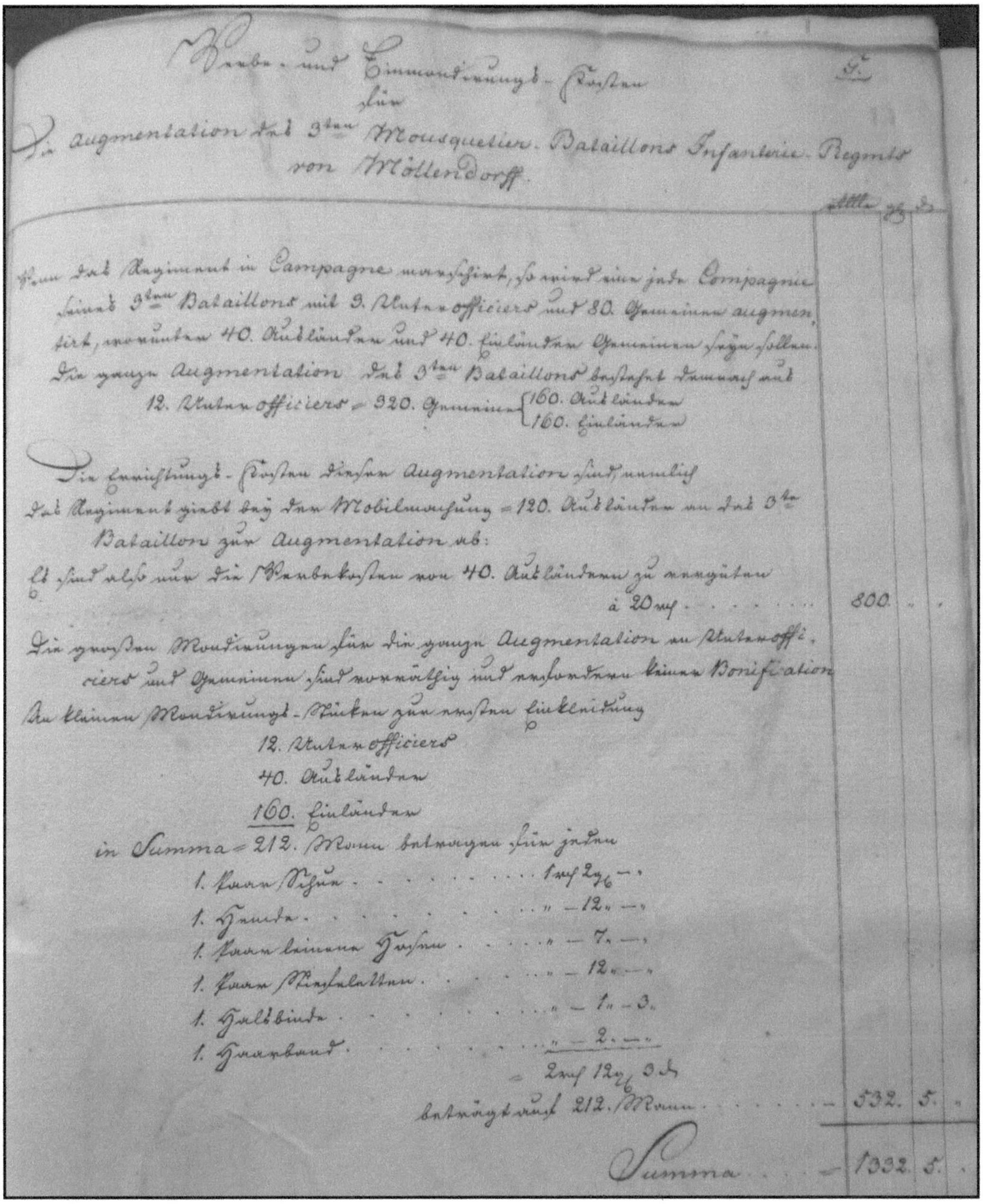

Werbe- und Remontierungs-Kosten
für
die Augmentation des 3ten Mousquetier-Bataillons Infanterie-Regmts
von Möllendorff.

Wenn das Regiment in Campagne marschiret, so wird eine jede Compagnie
des 3ten Bataillons mit 3. Unterofficiers und 80. Gemeinen augmen-
tirt, worunter 40. Ausländer und 40. Einländer Gemeinen seyn sollen.
Die gantze Augmentation des 3ten Bataillons bestehet demnach aus
12. Unterofficiers – 320. Gemeine { 160. Ausländer
{ 160. Einländer

Die Einrichtungs-Kosten dieser Augmentation sind nemlich
Das Regiment giebt bey der Mobilmachung – 120. Ausländer an das 3te
Bataillon zur Augmentation ab:
Es sind also nur die Werbekosten von 40. Ausländern zu vergüten
à 20 rh . . . .   800. . .

Die großen Montirungen für die gantze Augmentation an Unterofficiers und Gemeinen sind vorräthig und würden keiner Bonification
Die kleinen Montirungs-Stücke zur ersten Einkleidung
12. Unterofficiers
40. Ausländer
160. Einländer
in Summa = 212. Mann betragen für jeden
1. Paar Schuh . . . . 1 rh 2 g – .
1. Hemde . . . . " – 12 . – .
1. Paar leinene Hosen . . . . . " – 7 . – .
1. Paar Strohsocken . . . . . " – 12 . – .
1. Halsbinde . . . . . . " – 1 . – 3 .
1. Haarband . . . . . . " – 2 . – .
= 2 rh 12 g 3 d
beträgt und 212. Mann . . . . – 532. 5 .

Summa . . . – 1332. 5 .

Abb. 02   Faksimile der Anlage G

H

Geschirre und Stallsachen, Knechts-Mondirungen und Feld-Equipage pp.
für
das Infanterie-Regiment von Möllendorff

		Rtlr	Gr.	Pf.	Rtlr.	Gr.	Pf.
Das Regiment erhält 4. Sechspfdge Canons und							
2 Munitions-Wagen aus Berlin							
A. <u>An Geschirr- und Stall-Sachen</u>							
soll daßelbe nach dem neuen Etat haben							
32 Zäume mit Gebiß und halfterketten	à	1	12		48		
16 Reitsättel mit Kreuzschnur-Gurten und 5 Schnallen	à	5	14		89	8	
14 Sattelkissen mit Kreuzschnur-Gurten u. 3 Packriemen	à	4	6		59	12	
30 Pferde-Decken		1			30		
6 Paar Hinterkumpter-Geschirre mit eisernen Federn							
und Brustkoppeln für die Stangenpferde nach							
jetziger Art eingerichtet	à	24	20		149		
6 Paar Vorderkumpter-Geschirre mit eisernen Federn							
und 2 Paar kurzen Zugsträngen	à	13	10		80	12	
4 Paar ordinaire Vorder-Geschirre mit 2 Paar langen							
Strängen	à	7	6		29		
6 Theerbutten	à		6		1	12	
6 Paar Kreuzleinen	à		6	9	1	16	6
14 Peitschen	à		4		2	8	
14 Striegel und Kartätschen	à		18		10	12	
14 Pferde-Kämme	à		3		1	18	
14 Futterschwingen	à		5		2	22	
16 Paar Fouragier-Stränge	à		12		8		
6 hölzerne 4spännige Feldkrippen mit Eisen beschlagen							
nebst Ringen	à	2	8		14		
4 2spännige dergleichen	à	2			8		
32 Futterbeutel von Zwilch zum Futtern an der Stange							
auf Rendezvous und dergleichen	à		5		6	16	
40 Piket-Pfähle zu den Krippen und Stall-Leinen	à		6		10		
24 Klafter Stall-Leine	à		3		3		
4 Futter-Laden zum zusammenschlagen	à	4	20		19	8	
8 Futter-Klingen	à		20		6	16	
6 Sensen nebst Bäumen	à		20		5		
4 Sicheln	à		8		1	8	
6 beschlagene Wassereimer	à		16		4		
2 Klopfzeuge	à		16		1	8	
8 Streichsteine	à		3		1		
2 Metzen	à		4			8	
1,5 Schock Binde Stricke	à	1	6		1	21	
1 Schock Binde Stränge	à				2	12	
6 hölzerne Hemmschuhe mit einem eisernen Ring zum	à						
Einbinden des Taues	à	1	8		8		
6 Hemmschuh-Taue	à	1			6		

		Rtlr	Gr.	Pf.	Rtlr.	Gr.	Pf.
2 Wagen-Winden	à	10			20		
2 Laternen	à	1	8		2	16	
64 Paar Hufeisen	à		8		21	8	
1280 Hufnägel à 1000 Stück		3	8		4	6	10,8
24 Futtersäcke	à		16		16		
Wagenschmier					1	8	
				=	678	15	10,8

Das Regiment hat bereits an Geschirr und Stallsachen, auf welche 1/3tel der Neuanschaffungskosten bonificirt werden.

		Rtlr	Gr.	Pf.	Rtlr.	Gr.	Pf.
32 Zäume mit Gebiß und Halfterketten	à	1	12		48		
16 Reitsättel für die Knechte nebst Gurt	à	4	6		68		
6 Paar Hinterkumpter-Geschirre mit eisernen Federn und Brustkoppeln für die Stangenpferde nach	à	21	12		129		
6 Paar Vorderkumpter-Geschirre mit eisernen Federn							
4 Paar ordinaire Vorder-Sielen							
6 Theerbutten	à		6		1	12	
12 Peitschen	à		4		2		
12 Striegel und Kartätschen	à		18		9		
12 Futterschwingen	à		5		2	12	
16 Paar Fouragier-Stränge	à		12		8		
6 hölzerne 4spännige Feldkrippen mit Eisen beschlagen nebst Ringen	à	2	8		14		
38 Piket-Pfähle zu den Krippen und Stall-Leinen	à		6		9	12	
24 Klafter Stall-Leine	à		3		3		
8 Futter-Klingen	à		20		6	16	
4 Sensen nebst Bäumen	à		20		3	8	
4 Sicheln	à		8		1	8	
6 beschlagene Wassereimer	à		16		4		
2 Klopfzeuge	à		16		1	8	
8 Streichsteine	à		3		1		
2 Metzen	à		4			8	
1,5 Schock Binde Stricke	à	1	6		1	21	
1 Schock Binde Stränge	à				2	12	
6 Hemmschuh-Taue	à	1			6		
2 Laternen	à	1	8		2	16	
64 Paar Hufeisen	à		8		21	8	
1280 Hufnägel à 1000 Stück		3	8		4	6	10,8
24 Futtersäcke	à		16		16		
Wagenschmier					1	8	
				=	468	15	10,8

		Rtlr	Gr.	Pf.	Rtlr.	Gr.	Pf.
davon zur Wieder-Instandsetzung dieser bereits an-geschafften und bisher asservirten Geschirre und Stall-Sachen den dritten Teil				=	156	5	1,6
Das Regiment hat bereits an Geschirren und Stall-Sachen, worauf die Abänderungs-Kosten bonificirt werden.							
32 Halfter-Zäume umändern	à		4		5	8	
16 Reitsättel zu Umänderung der Gurte	à	1	8		21	8	
6 Hinterkumpter-Geschirre abzuändern	à	3	8		20		
6 Paar Vorderkumpter-Geschirre dto.	à	1	6		7	12	
4 Paar ordinaire Vorder-Sielen dto.	à	1			4		
				=	58	4	
Das Regiment erhält an Geschirr und Stall-Sachen welche neu angeschafft werden müßen							
14 Sattelkissen mit Kreuzschnur-Gurten u. 3 Packriemen	à	4	6		59	12	
30 Pferde-Decken	à	1			30		
6 Paar Kreuzleinen	à		6	9	1	16	6
2 Peitschen	à		4		2	8	
2 Striegel und Kartätschen	à		18		10	12	
14 Pferde-Kämme	à		3		1	18	
2 Futterschwingen	à		5		2	22	
4 hölzerne 2spännige Feldkrippen mit Eisen beschlagen nebst Ringen	à	2			14		
32 Futterbeutel von Zwilch zum Futtern an der Stange auf Rendezvous und dergleichen	à		5		6	16	
2 Piket-Pfähle zu den Krippen und Stall-Leinen	à		6		10		
4 Futter-Laden zum zusammenschlagen	à	4	20		19	8	
2 Sensen nebst Bäumen	à		20		3	8	
6 hölzerne Hemmschuhe mit einem eisernen Ring zum Einbinden des Taues	à à	1	8		8		
2 Wagen-Winden	à	10			20		
					159	8	6
Summa der Bonification an Geschirr- und Stall-Sachen					373	17	7,6

			Rtlr	Gr.	Pf.	Rtlr.	Gr.	Pf.
B. An Knechts-Mondirungen								
1 Rock, dazu ist erforderlich								
4 3/8	Ellen blaues Tuch	à		14		2	13	3
5 1/4	Ellen roter Boy	à		5		1	2	3
2	Ellen Leinwand zu Ermelfutter							
	und Taschen	à		3			6	
1 1/2	Dutzend große Knöpfe	à		2	6		3	9
	Macherlohn	à					14	
						4	15	3
1 Weste mit Ermel, dazu								
2	Ellen blaues Tuch	à		14		1	4	
3 1/4	Ellen Leinwand	à		3			9	9
1 1/3	Dutzend kleine Knöpfe	à		1	6		2	
	Macherlohn	à					7	
						1	22	9
1 Hut							12	
1 Paar kalblederne Hosen						2		
1 Paar zwilchene Überziehhosen, dazu 2 1/2 Ellen		à		4				
Macherlohn und Knöpfe		à		5			15	
1 Paar Stiefeln		à				3	8	
1 Paar Strümpfe		à					10	
2 Hemden		à				1		
Summa für eine Knechts-Mondur						14	11	
beträgt auf 14 dergleichen						202	10	
C. An Feld-Equipage								
14 Brotbeutel à 3 gr. ...= 1 rtr. 18 gr., davon den 3ten Teil							14	
Summa						**576**	**17**	**7,6**

Knechts-Mondirungen und Feld-Equipage
für
das 3ᵗᵉ Mousquetir-Bataillon des Infanterie-Regiments von Möllendorff

	Rtlr	Gr.	Pf.	Rtlr.	Gr.	Pf.
Das Bataillon erhält 2 dreypfdge Canons und 1 Munitions-Wagen aus Berlin						
A. Zu Anschaffung der Mondirungen						
Eine Knechts-Mondirung besteht aus						
1 Rock, dazu ist erforderlich						
4 3/8 Ellen blaues Tuch à		14		2	13	3
5 1/4 Ellen roter Boy à		5		1	2	3
2 Ellen Leinwand zu Ermelfutter und Taschen à		3			6	
1 1/2 Dutzend große Knöpfe à		2	6		3	9
Macherlohn à					14	
				4	15	3
1 Weste mit Ermel, dazu						
2 Ellen blaues Tuch à		14		1	4	
3 1/4 Ellen Leinwand à		3			9	9
1 1/3 Dutzend kleine Knöpfe à		1	6		2	
Macherlohn à					7	
				1	22	9
1 Hut					12	
1 Paar kalblederne Hosen				2		
1 Paar zwilchene Überziehhosen, dazu 2 1/2 Ellen à		4				
Macherlohn und Knöpfe à		5			15	
1 Paar Stiefeln à				3	8	
1 Paar Strümpfe à					10	
2 Hemden à		12		1		
Summa für eine Knechts-Mondur				14	11	
beträgt auf 6 dergleichen				86	18	
B. An Feld-Equipage						
6 Brotbeutel für die Knechte, welche neu angeschafft werden müßen à		3			18	
Summa				**87**	**12**	

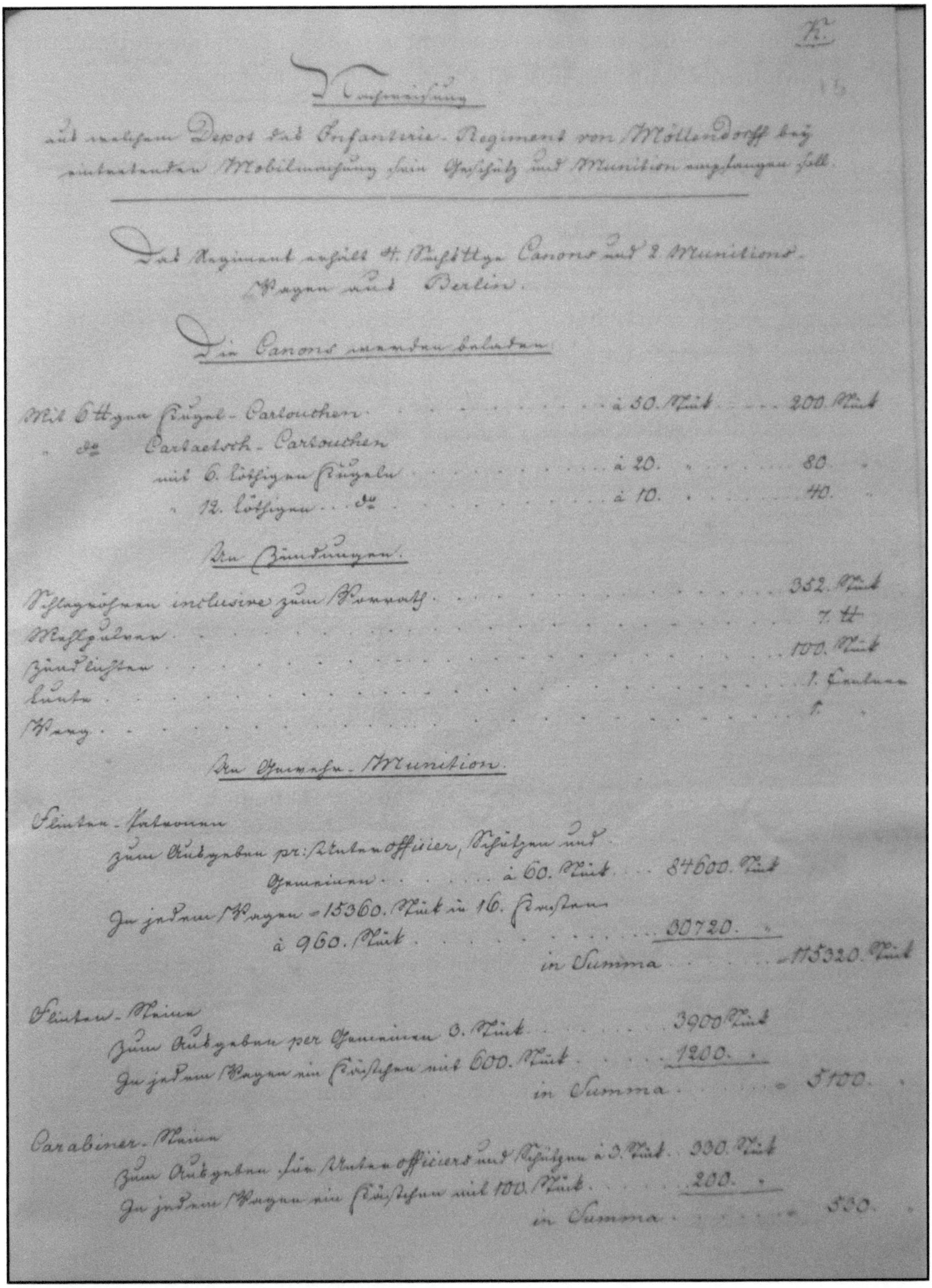

Abb. 03   Faksimile der Anlage K

K

Nachweisung
aus welchem Depot das Infanterie-Regiment von Möllendorff bey eintretender Mobilmachung sein Geschütz und Munition empfangen soll

Das Regiment erhält 4. Sechspfdge Canon und 2 Munitions-Wagen aus Berlin

Die Canons werden beladen

Mit 6pfdgen	Kugel-Cartouchen	à 50 Stück	200 Stück
'' dto.	Cartaetsch-Cartouchen		
	mit 6. löthigen Kugeln	à 20. ''	80 ''
	mit 12. löthigen ''	à 10. ''	40 ''

An Zündungen

Schlagröhren inclusive zum Vorrat	352 Stück
Mehlpulver	7 Pfd.
Zündlichter	100 Stück
Lunte	1 Centner
Werg	1 ''

An Gewehr-Munition

Flinten-Patronen

zum Ausgeben pr: Unterofficier, Schützen und Gemeinen
à 60 Stück   84600 Stück

zu jedem Wagen = 15360 Stück in 16 Kasten
à 960 Stück   30720 Stück

in Summa   115320 Stück

Flinten-Steine

zum Ausgeben per Gemeinen
à 3 Stück   3900 Stück

zu jedem Wagen ein Kästchen
mit 600 Stück   1200 Stück

in Summa   5100 Stück

Carabiner-Steine

zum Ausgeben per Unterofficier und Schützen
à 3 Stück   330 Stück

zu jedem Wagen ein Kästchen
mit 100 Stück   200 Stück

in Summa   500 Stück

Ferner
erhält das Regiment an Geschütz-Zubehör, Schantz-Zeug und Brakken auf ein jedes Musquetir-Bataillon

Benennung der Stücke	Sätze nach welchen gerechnet wird		Anzahl
1) Zubehör am Geschütz			
Juchtene Cartouch-Tornister	pr: Canon	3 Stück	6
Schlagröhren-Taschen	dto.	1	2
Puderdosen	dto.	2	4
Puderdosen-Futterals	dto.	2	4
Räum-Nadeln	dto.	2	4
hölzerne Aufsätze NB: an jedem Canon muß sich ein	dto.	1	2
meßingner Aufsatz befestigt befinden	dto.		
Untersteck-Keile	dto.	2	4
Lichterbüchsen mit juchtenen Riemen	dto.	1	2
Lichterklemmen	dto.	1	2
blecherne Luntenverberger	dto.	1	2
Peltz-Lappen	dto.	2	4
Avancir-Riemen mit Strängen	dto.	8	16
Avancir-Taue zum Avanciren mit Pferden	dto.	1	2
Lenk-Taue	dto.	1	2
ganze Hinter-Avancir-Bäume	dto.	1	2
ordinaire Hebe-Bäume	dto.	1	2
kurze dto.	dto.	1	2
6pfd.ge Wischer	dto.	2	4
dto. lederne Pfanndeckel mit bleyernen Nägeln	dto.	1	2
dto. Mundpröpfe nebst Maulkörben	dto.	1	2
Richtkeil-Bürsten	pr: 2 Canons	1	1
Baumölfläschgen	dto.	1	1
Zündloch-Bürsten	pr: Canon	1	2
Dammzieher mit Notschrauben	pr: 2 Canons	1	1
Einsatz-Pulvermaaße zu Canons	dto.	1	1
6pfdge Cartouch-Leeren	dto.	1	1
dto. dto. Schablonen	dto.	1	1
Blend-Laternen	pr: Canon	1	2
Nägel zum Zündlochvernageln	dto.	1	2
Vorhänge-Schlößer	pr: Protz- und Affuiten-Kasten 1 Stück, ingleichen pr: Patronen-Wagen 4 Stück, incl. 2 Sück zu den darin befindlichen Gewehrstein-Kasten		8
2) Schantz-Zeug und Brakken			
Schippen	pr: Canon	1	2
Hakken	dto.	1	2
Stellmacher-Beile	pr: 2 Canons	1	1
feststehende Hinter-Brakken	pr: Canon und	1	3
Vorder-Brakken	Wagen	1	3

L

Nachweisung
aus welchem Depot das 3te Musquetir-Bataillon des Infanterie-Regiments von
Möllendorff bey eintretender Mobilmachung sein Geschütz und Munition empfangen soll

Das Regiment erhält 2. Dreypfdge Canon und 1 Munitions-Wagen aus Berlin

Die Canons werden beladen

Mit 3pfdgen	Kugel-Cartouchen	à 60 Stück	120 Stück
″ dto.	Cartaetsch-Cartouchen		
	mit 3. löthigen Kugeln	à 25. ″	50 ″
	mit 6. löthigen ″	à 15. ″	30 ″

An Zündungen

Schlagröhren inclusive zum Vorrat	220 Stück
Mehlpulver	4 Pfd.
Zündlichter	50 Stück
Lunte	1/2 Centner
Werg	1/2 ″

An Gewehr-Munition

Flinten-Patronen

 zum Ausgeben pr: Gemeinen
 à 60 Stück 28800 Stück

 zu jedem Wagen = 15360 Stück in 16 Kasten
 à 960 Stück 15360 Stück

   in Summa 44160 Stück

Flinten-Steine

 zum Ausgeben per Gemeinen
 à 3 Stück 1440 Stück

 zu dem Wagen ein Kästchen mit 700 Stück

   in Summa 2140 Stück

Ferner
erhält das Bataillon an Geschirr- und Stall-Sachen, Geschütz-Zubehör und Schantz-Zeug

Benennung der Stücke		Sätze nach welchen gerechnet wird	Anzahl
1) Geschirr- und Stallsachen			
complette Halfterzäume	Halfterzäume		12
mit gespaltenen Zügeln,	Gebiße	pr: Pferd 1 Stück	12
Gebißen u. Halfterketten	Halfterketten		12
Reitsättel m. Kreuzschnur-			
gurten, woran 5 Schnallen	Sattel ohne Steigbügel		6
ingl. mit 3 Packleinen,	behäutete Sattelbäume		
Steig-Riemen u. -bügel, m.	mit Hinterpauschen incl.	pr: 2 Pferde 1 Stück	
1 Riem u. 2 Haken z. Hebe-	in fertigen Satteln		6
geschirr der Hintergeschir.	Paar schwarze Steigbügel		6
Sattelkißen m. Kreuzschnurgurten u. 3 Packriemen		pr: Knecht 1 Stück zum Handpferd	6
Pferde-Dekken		pr: Sattel u. S.-Kißen 1 St.	12
4spännige hölzerne Feldkrippen den Rand mit Eisenblech beschlagen		pr: Fahrzeug 1 Stück	3
Paar Hinterkumpter-Geschirre ohne Brustkoppel		pr: Paar Stangenpf. 1 Paar	3
PaarStränge zu Hinterkumpter		pr: Hinterk.-Gesch. 2 Paar	6
Paar lederne Brustkoppel		dergl. 1 Paar	3
Paar Vorderkumpter-Geschirre		pr: Fahrzeug 1 Paar	3
Paar Stränge zu Vorderkumpter		pr: Vorderk.-Gesch. 2 Paar	6
Theerbutten vom Böttcher angefertigt mit 2 eisernen Ringen umgeben und ausgepicht		pr: Fahrzeug 1 Stück	3
Pinsel zum Wagenschmier		dto. 1 Stück	3
Kreuzleinen		dto. 1 Stück	3
Peitschen mit geflochteten Stöcken		pr: Knecht 1 Stück	6
Striegeln		dto. 1 Stück	6
Kartätschen		dto. 1 Stück	6
Pferdekämme		dto. 1 Stück	6
Futterschwingen		dto. 1 Stück	6
Futtersäcke		pr: Pferd 1 Stück	12
Paar Fouragierstränge mit eisernen Ringen		pr: Reitsattel 1 Paar	6
Futterbeutel von Zwilch mit doppeltem Boden und Riem von Gurt		pr: Pferd 2 Stück	12
Klafter Stall-Leine		dto. 1 Klafter	12
beschlagene Piketpfähle		dto. 1 Pfahl	16
Futterladen zum Zusammenlegen		pr: Canon 1 Stück	2
Futterklingen		pr: Futterlade 2 Stück	4
Streichsteine		dto. 1 Stück	2
Sensen		pr: Fahrzeug 1 Stück	3
Sensen-Bäume mit Ringen und Blech		dto. 1 Stück	3

Benennung der Stücke	Sätze nach welchen gerechnet wird		Anzahl
Zündloch-Bürsten	pr: Canon	1	2
Dammzieher mit Notschrauben	pr: 2 Canons	1	1
Einsatz-Pulvermaaße zu Canons	dto.	1	1
3pfdge Cartouch-Leeren	dto.	1	1
dto. dto. Schablonen	dto.	1	1
Blend-Laternen	pr: Canon	1	2
Nägel zum Zündlochvernageln	dto.	1	2
3) Schantz-Zeug			
Schippen	pr: Canon	1	2
Hakken	dto.	1	2
Wagenbauer-Beile	pr: 2 Canons	1	1

Benennung der Stücke	Sätze nach welchen gerechnet wird		Anzahl
Sicheln mit Hefte	pr: 3 Fahrzeug	2 Stück	2
beschlagene Wasser-Eimer	pr: Fahrzeug	1 Stück	3
Klopf-Zeige à 1 Amboß und 1 Hammer	pr: 3 Fahrzeug	1 Stück	1
Metzen	dto.	1 Stück	1
Schock Binde-Stricke	pr: Fahrzeug	1/4 Sch.	3/4
Schock Binde-Stränge	dto.	10 Stück	1/2
feststehende Hinterbrakken	dto.	1 Stück	3
Vorderbrakken	dto.	1 Stück	3
hölzerne Hemmschuh	dto.	1 Stück	3
Hemmschuh-Tau	pr: Hemmschu	1 Stück	3
Quart Wagenschmier	pr: Theerbutte	1 Quart	3
Wagen-Winden neuer Art	pr: 3 Fahrzeug	1 Stück	1
Stall-Laternen	dto.	1 Stück	1
Paar Hufeisen	pr: Pferd	2 Paar	24
Stück Hufnägel	pr: Paar Hufeis	20 Stück	480
Vorhange-Schlößer	per Protz- und Affuiten-Kasten 1 Stück per Batl: Patronen-Wagen 2 Stück und per Gewehrsteinkasten 2 Stück		8
2) Geschütz-Zubehör			
Juchtene Cartouch-Tornister	pr: Canon	2 Stück	6
Schlagröhren-Taschen	dto.	1	2
Puderdosen mit Futteral	dto.	2	4
Räum-Nadeln	dto.	2	4
hölzerne Aufsätze	dto.	1	2
Untersteck-Keile	dto.	2	4
Lichterbüchsen mit juchtenen Riemen	dto.	1	2
Lichterklemmen	dto.	1	2
blecherne Luntenverberger	dto.	1	2
Peltz-Lappen	dto.	2	4
Avancir-Riemen mit Strängen	dto.	6	16
Avancir-Taue zum Avanciren mit Pferden	dto.	1	2
Lenk-Taue	dto.	1	2
3pfdge ganze Hinter-Avancir-Bäume	dto.	1	2
ordinaire Hebe-Bäume	dto.	1	2
kurze dto. Zum Richten	dto.	1	2
3pfd.ge Wischer	dto.	2	4
dto. lederne Pfanndeckel mit bleyernen Nägeln	dto.	1	2
dto. Mundpröpfe nebst Maulkörben	dto.	1	2
Richtkeil-Bürsten	pr: 2 Canons	1	1
Baumölfläschgen	dto.	1	1

M

Das Infanterie-Regiment von Möllendorff
gestellet
bey entstehender Mobilmachung

<u>In das Lazareth-Depot zu Breslau</u>

4 Aufseher

<u>9</u> Aufwärter

13 Mann

Feld-Etats-Zuschuß-Gelder
für
das Infanterie-Regiment von Möllendorf

			Rtlr	Gr.	Pf.	Rtlr.	Gr.	Pf.
1.	**An Traktament für die Knechte**							
	für 12 Brod- und 1 Staabs-Wagen 13 Knechte							
	für 4 Staabs-Officiers 4							
	bey den Zelterpferden							
	2 rechte Flügel-Compagnien à 4 8							
	8 übrige Compagnien à 3 24							
	10 Capitains, jedem 3 knechte							
	incl. des, so die Pferde mit den							
	Mondirungsstücken führt 30							
	35 Subaltern-Officiers 35							
	annoch den 2 Adjutanten 2							
	dem Regiments-Chirurgo 2							
	dem Regimentsquartiermeister,							
	Auditeur und Prediger à 1 3							
	zu den Wachtzeltern 2							
	123 Knechte à		2			246		
2.	**dem Regiments-Chirurgo Zulagen**							
	per Compagnie à		1			10		
	auf 20 Zimmerleute à			1			20	
3.	**an Fleischgeld**							
	122 Unterofficiers							
	10 Chirurgi							
	38 Spielleute							
	34 Artilleristen							
	20 Zimmerleute							
	1400 Musquetiers							
	123 Knechte							
	1 Profos							
	1748 Köpfe à 472 Pfund; monatlich 7866 Pfund à			1	6	491	15	
4.	**an Löhnung** 100 Schützen							
	100 Überkomplette							
	20 Zimmerleute							
	220 Mann à		2			440		
5.	**an kleine Mondirungsgelder**							
	100 Schützen							
	50 Überkomplette							
	20 Zimmerleute							
	170 Mann à			8		56	16	

			Rtlr	Gr.	Pf.	Rtlr.	Gr.	Pf.
6. **an Kleidergelder**								
100 Schützen								
100 Überkomplette								
20 Zimmerleute								
220 Mann	à			11		120	20	
	=					1345	23	
Für die Artillerie								
4. Sechspfdgen Canons, 2. Munitions-Wagen								
14 Knechte Traktament	à		2	12		35		
kleine Mondirungsgelder	à			2		1	4	
Fleischgeld	à			6	9	3	22	6
Medicingeld	à				6		7	
An monatlicher Reparatur an Fahr- und Sielzeug, Pferdebeschlag und Wagenschmier						14		
						54	9	6
Summa						1400	8	6

O

Feld-Etats-Zuschuß-Gelder
für
das 3ᵗᵉ Musquetier-Bataillon des Infanterie-Regiments von Möllendorf

		Rtlr	Gr.	Pf.	Rtlr.	Gr.	Pf.
1.	**an Löhnung**						
	für einen Augmentations-Officier				13		
	12 Unterofficiers à	3	12				
	40 Übercomplette à	2					
	320 Gemeine Augmentation à	2					
	für einen Rechnungsführer				12		
2.	**an kleinen Mondirungsgeldern** auf						
	4 Übercomplette per Companie à		6		4		
	332 Mann Augmentation incl. Unteroffc.		8		110	16	
	an Feldzuschuß auf						
	36 Unterofficiers						
	8 Spielleute						
	480 Gemeine						
	524 Mann à		8		14	13	4
3.	**an Kleidergelder**						
	6 Übercomplette per Compagnie à		6		6		
	2 Unterofficiers à		8		4		
	320 Gemeine à		11		146	16	
4.	**an Compagnie-Unkosten** auf						
	320 Mann Augmentation à		2		26	16	
5.	**an Gewehr-Geldern** auf						
	320 Mann Augmentation nur à			4	4	10	8
	weil die Gewehre fast alle Jahr neu geliefert werden müssen						
6.	**an Medicin-Geld** auf						
	332 Mann Augmentation à		1		13	30	
	Für ein nicht mobiles Bataillon in Summa =				1117	20	
	Und wenn das Bataillon mobil gemacht wird annoch						
1.	**an Traktament für die Knechte**						
	4 Brod-Wagen　　　　4 Knechte						
	1 Staabs-Officier　　　　1						
	4 Capitains u. 13 Subalterne　　　　17						
	dem Bataillions-Chirurgus　　　　1						
	23 Knechte à	2			46		
2.	**an Löhnung** 2 gefreyte Artilleristen à	3			6		
	14 Artilleristen à	2			28		
3.	**an kleine Mondirungsgelder** 16 Artilleristen à		8		5	8	
4.	**an Kleidergelder** 16 dto. à		11		7	8	
5.	**an Compagnie-Unkosten** 16 dto. à		2		1	8	
6.	**Medicin-Geld** 16 dto. à		1			16	

				Rtlr	Gr.	Pf.	Rtlr.	Gr.	Pf.
7.	**für die Artillerie**								
	2 Dreypfdge Canons, 1 Munitions-Wagen								
6 Knechte	Traktament	à		2	12		15		
	kleine Mondirungsgelder	à			2			12	
	Medicingeld	à				6		3	
	An monatlicher Reparatur an Fahr- und Sielzeug, Pferdebeschlag und Wagenschmier							6		
	Summa an Feld-Zuschuß für ein mobiles Bataillon						116	7	
	Summa Totalis						**1234**	**3**	

P

Rations- und Portions-Etat
für
das Infanterie-Regiment von Möllendorf

	Rat.		Port.
1 Obrist	8	10 Capitains	
1 Obrist-Lieutenant	7	35 Subaltern-Officiers	
wovon derselbe verbunden ist, die		45 Officiers	45
Commandeur-Chaise zu halten			
3 Majors à 3 Rations	9	122 Unterofficiers incl. Artillerie-Unteroff.	
Nota: Wenn dies Regiment den Grenadier-		10 Chirurgi	
Commandeur nicht hat, und also ein		38 Spielleute	
Major mehr bei den Musquetiers steht		34 Artilleristen	
so gehen von dem andern Regiment		20 Zimmerleute	
zu diesem für diesen 4ten Major		1400 Musquetiers	
3 Rations über		123 Knechte	
2 Adjutanten	6	1747 Köpfe	1747
10 Capitains, jedem		Nota: Wenn dies Regiment den Grenadier-	
2 Packpferde für sich		Commandeur nicht hat, so wird es mit	
1 zur Oeconomie		der Portion für den 1 Knecht des	
2 zu den Mondirungs-St.		jüngsten Majors eben so, wie es mit	
1 Reitpferd		den Rations gehalten	
6 Stück	60		
Zelterpferde		1 Regimentsquartiermeister	1
2 rechte Flügel-Compagnien à 8	16	1 Regiments-Chirurgus	1
8 übrige Compagnien à 6	48	1 Auditeur	1
zu den Wachtzeltern	2	1 Prediger	1
33 Subaltern-Officiers	66	1 Büchsenmacher	1
12 Brod- und 1 Staabs-Wagen	52	1 Büchsenschäfter	1
dem Regimentsquartiermeister	3	1 Profos	1
Regiments-Chirurgo	4		
Auditeur	2		
Prediger	2		
Für die Artillerie		Für die Artillerie	
4 Sechspfdge Canons		14 Knechte	14
2 Munitions-Wagen	32		
Summa	317		1813

Q

Rations- und Portions-Etat
für
das 3ᵗᵉ Mousquetier-Bataillon des Infanterie-Regiments von Möllendorf

	Rat.		Port.
		4 Capitains	
		13 Subaltern-Officiers	
		17 Officiers	17
1 Staabs-Officier	2	48 Unterofficiers incl. Artillerie-Unteroff.	
4 Brodwagen	16	4 Chirurgi incl. Bataillons-Chirurgo	
4 Capitains, jedem		8 Tambours	
1 Packpferd zur Equipage		800 Gemeine	
1 zu den Mondirungs-St.		860 Köpfe	860
1 Reitpferd			= 877
3 Stück	12		
		Wenn das Bataillon mobil gemacht wird	
13 Subaltern-Officiers à 2 Rations	26	erhält es annoch	
		2 gefreyte Artilleristen	
dem Bataillons-Chirurgo	2	14 Artilleristen	
		23 Knechte	
		39 Köpfe	39
Für die Artillerie		Für die Artillerie	
2 Dreypfdge Canons		6 Knechte	6
1 Munitions-Wagen	12		
Summa	70		922

Den hochloblöblichen Regimentern von Möllendorf, von Goetze und von Larisch, communicire ich in der Anlage das Schreiben eines Königlichen Ober-Krieges-Collegio, woraus sie die Veränderung ersehen werden, wonach sie ihre Knechte bei einer künftigen Mobilmachung zu stellen, und ihre Canton-Extracte fürs laufende Jahr, welche im April eingereicht werden, danach einzurichten haben.

Berlin, den 21ten Februar 1801

von Möllendorf

Da des Königs Majestät zu resolviren geruhet, mehrere reitende und Fußbatterien auch in Friedenszeiten jedoch nach einem modifizierten Fuße wonach die bereits vorhandenen schon umgeformt worden, bespannt und resp: beritten zu halten, so verursacht dies in Ansehung der bei einer Mobilmachung zu gestellenden Knechte eine kleine Veränderung in dem Ew: Excellenz letzthin übergebenen Mobilmachungs-Plane, welche wir nicht ermangeln denenselben hierdurch ergebenst bemerklich zu machen.

Es gestellen nämlich zur ersten Mobilmachung der Artillerie in Berlin

das Regiment	von Möllendorff	2. Knechte	
″ ″	von Goetze	2 ″	} weniger
″ ″	von Larisch	23 ″	

Dagegen gestellet das Regiment von Larisch an das Proviant-Fuhrwesen in Berlin = 21 Knechte, so daß vorgedachte 3 Regimenter hinführo bei einer Mobilmachung die Knechte aus ihren Cantons in folgender Art zu gestellen haben:

<u>Das Regiment von Möllendorff</u>

für sich	137 Knechte	
für das 3te Bataillon	29	″
für das Gren. Bataillon Knebel	31	″
für das 1ste Bataillon Garde	19	″
für das Regiment Garde	10	″
für das Füsil: Bataillon Bila	50	″
zur Disposition	2	″
zur 1sten Mobilmachung der Artillerie in Berlin	103	″
zur Reserve der Churmärkischen Kammer	4	″
in Bereitschaft im Canton zur etwaigen Vermehrung des Art:Trains in Berlin	3	″
in Summa	388 Knechte	

<u>Das Regiment von Goetze</u>

für sich	139 Knechte
für das 3te Bataillon	29 ˮ
für das Gren. Bataillon Knebel	30 ˮ
für das Füsil: Bataillon Gr: v: Wedell	50 ˮ
für das Füsil: Bataillon v: Carlowitz	50 ˮ
zur 1sten Mobilmachung der Artillerie in Berlin	121 ˮ
zur Reserve der Churmärkischen Kammer	4 ˮ
in Bereitschaft im Canton zur etwaigen Vermehrung des Art:Trains in Berlin	3 ˮ
in Summa	426 Knechte

<u>Das Regiment von Larisch</u>

für sich	137 Knechte
für das 3te Bataillon	29 ˮ
für das Gren. Bataillon v: Walther	31 ˮ
zur Disposition	1 ˮ
zur 1sten Mobilmachung der Artillerie in Berlin	74 ˮ
an das Proviant-Fuhrwesen in Berlin	21 ˮ
zur Reserve der Churmärkischen Kammer	4 ˮ
in Bereitschaft im Canton zur etwaigen Vermehrung des Art:Trains in Berlin	3 ˮ
in Summa	300 Knechte

Ew: Exzellenz ersuchen wir ergebenst die genannten Regimenter hiernach geneigt instruiren und selbige anweisen zu wollen, daß sie bey dem nach jetziger Canton-Revision anzufertigenden Listen gleich auf diese Veränderung Rücksicht nehmen, und schon im diesjährigen Canton-Extract die bei einer Mobilmachung zu gestellenden Knechte in obiger Art aufführen.

In Ansehung der übrigen 3. Regimenter Ew: Exzellenz Inspection ist keine Veränderung nötig geworden.

Berlin, den 7ten Februar 1801

Königlich Preußisches Ober-Krieges-Collegium

v.Boyen   v.Goltz

An
den General Feldmarschall
Herrn v.Möllendorff
Exzellenz

Anhang   **AKO vom 05.07.1806 zur Neuformierung der Infanterie**

Seine Königliche Majestät von Preußen haben beschloßen eine Veränderung in der Formation der Infanterie-Regimenter vorzunehmen.

Es soll nämlich hinführo ein jedes Infant: Regiment aus
> 2 Grenadier-Compagnien
> 3 Musketier Bataillons, jedes zu 4 Compagnien und
> 1 Depot Compagnie

bestehen; die jetzigen 3ten Bataillons gehen also gänzlich ein. Die beiliegenden Tableaus No: 1, 2 und 3 zeigen in welcher Art die neue Formation stattfinden soll. Das Tableau No: 1 weicht von dem No: 2 nur in Ansehung des dienstthuenden Standes ab, indem Se: Majestät der berl: Garnison auch ferner noch wie bisher 86 Mann zum Dienst bezahlen wollen. Das Tableau No: 4 welches gleichfalls hier beiliegt, weiset die Anzahl der Officiere nach ihren verschiedenen Chargen und ihrer Einteilung bei den Compagnien nach. Es gehet daraus hervor daß bei einem jeden Regimente nach der neuen Formation 2 Officiere weniger sind als bisher, daß also die Anzahl derselben von 70 bis 68 herunter gesetzt werden soll. Und da künftig diejenigen Regimenter welche den Grenadier Adjutanten haben keinen Offizier mehr als die übrigen behalten, sondern ebenfalls nur aus 68 Officieren bestehen sollen, so müssen bei denselben 3 Officiere eingehen und hat das Ober Krieges Collegium für diese Regimenter nach Anleitung des anliegenden Tableaus noch ein besonderes Tableau zu entwerfen. Nach den Tableaus No: 1 und 2 gehen zufolge der neuen Formation bey einer jeden von den 2 Grenadier Compagnien eines Regiments 4 Unterofficier und 40 Mann Einländer ein. Letztere sind zur Formation von 2 neuen Compagnien des Regiments anzuwenden und können dazu die kleinsten und minderansehnlichsten ausgewählt werden. Die übrige Mannschaft dazu und zu der Formation der Depot Compagnie wird von dem jetzt aus 36 Unterofficieren und 480 Mann bestehenden 3ten Bataillons genommen, von denen überdies aber noch 100 Mann Einländer an die 10 alten Mousketier Compagnien des Regiments abgegeben werden, um diese dadurch zu verstärken und auf diese Weise zu der im Tableau bestimmten Stärke von 150 Gemeinen incl: Schützen zu bringen. Jene 100 Mann müssen womöglich wenigstens 4zöllige Leute sein, so wie die zu den 2 neuen Compagnien des Regiments aus den 3ten Bataillons genommenen Leute gleichfalls aus der besten Mannschaft der 4 Compagnien des 3ten Bataillons ausgesucht werden müssen. Die Depot Compagnie wird gleich auf 67 Ausländer nach dem neuen Etat gesetzt, bei den 10 alten Mousketier Compagnien des Regiments kann der der 76te Ausländer nach und nach eingehen. Übrigens bleibt es bei den unterm 10ten Aug: 1805 gegebenen Befehl zur successiven Verminderung von 10 Ausländern per Compagnie so daß in der Folge eine jede Compagnie nur 65 Ausländer behalten soll. Die nach der neuen Formation im Ganzen stattfindende geringe Verminderung der Ausländer und Vermehrung der Einländer muß successive geschehen als wonach das Ober Krieges Collegium die Regimenter gehörig zu instruieren und ihnen überhaupt das Detail der Formation vollständig auseinander zu setzen hat.

Die bisherigen Bataillons Chirurgen der 3ten Bataillons gehen zu den Grenadier Bataillons über und da sie hier zugleich eine Compagnie als Compagnie Chirurgus mitversehen, so muß das eine von den 4 Chirurgen Gehältern dieser Bataillons im Etat bis zu dem Gehalte eines Bataillons Chirurgus erhöhet werden. Die jetzigen Bataillons Chirurgen Gehälter der 3ten Bataillons gehen dagegen successive in Gemäßheit des Abgangs der Empfänger ein.

Wegen der auf dem Tableau bemerkten Krieges Augmentation müßen die noch mobilen Regimenter bei ihrer künftigen Demobilisation jedes 140 Mann von der Einländer Augmentation zurückbehalten, diese Leute zu 10 Mann per Compagnie verteilen und sie sodann mit Urlaubspäßen entlassen. Die bereits demobilisierten Regimenter hingegen müßen von der ins Canton entlaßenen Einländer Augmentation eine gleiche Anzahl wieder einbeordern und sie ebenfalls mit Urlaubspässen versehen; Sollten bei mehreren letzter Regimenter, nachher sie sich an Einländern complettiert haben, keine Einländer Augmentations Mannschaften mehr vorhanden sein, so müßen die fehlenden zur nächsten Exercierzeit aus dem Canton eingezogen werden, für welche dann die erste Einkleidung mit großen und kleinen Mondirungsstücken, so wie die Löhnungen während der ersten Exercierzeit zu vergütigen sein würden. Gedachte 140 Mann, welche jederzeit aus den kleinsten Leuten der Compagnie bestehen müßen, werden von den Regimentern als Krieges Augmentation namentlich in den Maas und Stammrollen, so wie bei der Cavallerie besonders geführt aus ihnen wird alljährlich das bei dem Regimente im Kriege entstehende Einländer Manquement ersetzt. Bei der neuen Einrichtung fällt die befohlene Augmentation der 3ten Bataillons um 40 Einländer so wie in Preußen und bei der Warschauer Garnison die Vermehrung der Regimenter und 3ten Bataillons um 320 Mann gänzlich weg. Die bereits zu diesem Zweck eingezogenen Leute können zurück behalten und zur Krieges Augmentation gerechnet werden. Bei entstehendem Kriege wird diese Krieges Augmentation noch um 20 Mann vermehret, so daß sie dann, nach dem jetzt bestehenden Satz auf 160 Mann Einländer gebracht wird und müßen diese fehlenden 20 Mann aus dem Canton eingezogen werden, wenn die Mobilmachung statt findet. Sollten bei einer künftigen neuen Cantoneinteilung der jetzigen kleinern Cantons, wie es Sr: Majestät Absicht ist vergrößert werden, so wird dann die Einländer Augmentation auf 220 Mann erhöht und die Ausländer Augmentation dagegen auf 100 Mann herabgesetzt werden können. Bei dem Krieges Augmenations Depot welches im Ganzen mit Einschluß der 160 Ausländer 320 Mann beträgt werden außer den 16 Unterofficiers, deren Ernennung bereits befohlen ist, auch 2 Tambours welche Einländer sein können und ein Chirurgus angestellt. Es wird dieselbe von einem aus dem Regiment zu ernennenden Staabs Capitain und 2 Seconde Lieutenants kommandiert, bleibt in der Garnison der Depot Compagnie und wird von dem Chef dieser Compagnie der in der Regel ein Staabs Officier sein muß, inspiziert. Dieser Staabs Officier muß sich während des Krieges auch der Führung der Werberechnungen, Besorgung der Cantongeschäfte und dergl: mehr unterziehen. Die aus dem Regimente zum Commandieren des Krieges Augmentations Depots ge-

nommenen Officiere werden durch 3 neu zu ernennende ersetzt und erstere alljährlich durch andere Officiere des Regiments abgelöset.

Die Füsilier Bataillons ziehen gleichfalls per Compagnie 10 Mann Einländer Krieges Augmentation ein und halten es damit so wie die Regimenter, führen sie also
auch in den Maas und Stammrollen. Bei einer Mobilmachung brauchen sie dann
nur noch 10 Mann aus dem Canton einzuziehen, um das Depot an Einländern
vollzählig zu machen. Die Krieges Augmentation wird in Friedenszeiten wechsel-
weise mit den Beurlaubten zur Exercierzeit eingezogen, dergestalt, daß bei den
Regimentern künftig 20 Mann per Compagnie von der Revue zurückbleiben.
Wenn ein oder das andere Regiment so wenig Abgang gehabt haben sollte, daß
es diese Krieges Augmentation auch durch die bei der Mobilmachung statt ge-
fundenen Einziehung der Einländer Augmenatation nach der vorgeschriebenen
Art bewerkstelligen kann ohne daß es erforderlich ist neue Leute einzuziehen, so
brauchen die Grenadier Compagnien eines solchen Regiments statt der 40 Mann
nur 20 Mann an die neuen Musketier Compagnien abzugeben indem sie 20 Mann
gleich zu ihrer Krieges Augmentation rechnen können, wogegen dann die neuen
Musketier Compagnien 20 Mann von der bereits eingezogenen Einländer Augmentation rechnen können.

Se: Majestät tragen nun dem Ober Krieges Collegio auf die Etats welche durch
diese Umformung der Infanterie eine Veränderung erleiden auszuarbeiten und
Allerhöchstderselben zur Vollziehung vorzulegen, ingleichen die Berechnung an-
zulegen und einzureichen wieviel die Mehrkosten für die Einmondirung und Ar-
matur ingleichen die Kosten für die Feldgerätschaften und übrigen Utensilien,
sowohl dieses neuen 3ten Feldbataillons überhaupt als auch insbesondere der 2
neuen Compagnien betragen wonach dann Se: Majestät die erforderlichen Sum-
men anweisen werden. Höchstdieselben bemerken hierbei, daß in Ansehung des
Lederzeugs sowohl der beiden neuen Compagnien als auch der aus dem jetzigen
3ten Bataillon ins Regiment übergehenden 100 Mann eine Verbesserung wird
stattfinden müssen, weil die 3ten Bataillons keinen Ersatz an Lederzeug erhalten
haben, sondern sich mit dem, was die Regimenter abgelegt haben begnügen
müssen. Die für die neuen 3ten Feldbataillons erforderlichen Fahnen sollen von
denen genommen werden welche die Regimenter im Jahre 1787 abgegeben haben. Die Zelte der Füsilier Bataillons können zur Ergänzung der für die beiden
neuen Compagnien neu anzuschaffenden Zelte verwandt werden weil es Aller-
höchstdero Willensmeinung ist, daß die Füsilier Bataillons hinführo keine Zelte
mehr mit sich führen sollen, wobei Allerhöchstdieselben jedoch bemerken, daß
sie die Zeltdecken auch das übrige Zelt und Feldgeräte behalten.

Auch fällt das 3pfdge Canon bei den Füsilier Bataillons weg, indem diese künftig
mit keinem Geschütz versehen sein sollen. Bey den Regimentern findet keine
Vermehrung des Geschützes statt und gehen vielmehr die für die jetzigen 3ten
Bataillons bestimmten 3pfdgen Canonen gleichfalls ein und behalten Se: Majestät

sich die nähere Bestimmung über die anderweitige Einrichtung der Regiments Artillerie noch vor.

Alle diejenigen Gehälter die bei der alten Einrichtung statt finden, nach der beabsichtigten Veränderung aber wegfallen und successive eingezogen werden sollen, also alles was eigentlich nicht zum Etat gehört muß nicht auf denselben gebracht, sondern besonders berechnet und soll auch extraordinaire angewiesen werden.

Se: Majestät werden den Zeitpunkt bestimmen, wenn mit dieser neuen Formation der Infanterie vorgeschritten werden soll, und werden dann auch wegen der Pensionierung der Compagnie Chefs in den 3ten Bataillons wobei soviel möglich auf die individuelle Lage eines jeden billige Rücksicht genommen werden wird, so wie wegen Besetzung der Depot Compagnien Ihre Beschlüsse bekannt machen, bis dahin bleibt alles in seiner jetzigen Ordnung, und soll nur die Abänderung vor der Hand statt finden, daß diejenigen Compagnien der 3ten Bataillons die unterdes noch vacant werden, nicht wieder besetzt werden sollen. Allerhöchstdieselben überlaßen indes dem Ober-Krieges-Collegio die Regimenter schon vorläufig mit dieser Formation bekannt zu machen um sich dazu gehörig vorzubereiten damit sie sobald es befohlen wird unverzüglich in Ausführung gebracht werden kann, ihnen jedoch ausdrücklich aufzugeben nicht eher eine Veränderung in dieser Hinsicht vorzunehmen, sondern alles dahin gehörig in Voraus nur zu Papier auszuarbeiten, so wie sie dann auch anzuweisen sind, bei dem Abgange eines Compagnie Chefs im 3ten Bataillon keinen Vorschlag zu dessen Ersatz zu machen, sondern zu diesen vacant bleibenden Compagnien tüchtige Officiere aus den Regimentern zu setzen welche sie interimistisch commandieren und sie gehörig in Ordnung zu halten wißen. Schließlich bestimmen Se: Majestät auch noch daß wenn etwa vor Ausführung der in dieser Ordre enthaltenen Vorschriften Füsilier Bataillone ins Feld rücken sollten, diese auch dann schon weder die 3pfdgen Canons noch die Zelte mitnehmen und die bereits mobilen Füsilier Bataillons beides abgeben sollen.

Sollte das Ober-Krieges-Collegium bei Ausarbeitung des Detail noch über ein oder das andere Zweifel haben welche einer näheren Erörterung bedürften oder über manche Gegenstände eine genauere Bestimmung einzuholen für nötig finden, so erwarten Se: Majestät die diesfälligen Bemerkungen und Anträge und werden sodann Ihre Entscheidung darüber geben.

Charlottenburg den 5ten July 1806

Friedrich Wilhelm

An

das Ober Krieges Collegium

Tableau No. 1

der neuen Formation eines berlinischen Infanterie-Regiments welches den Grenadier Commandeur hat

		1e Grenadier	2e Grenadier	Leib	Majors	Capitains	Commandeur	Commandeur	Capitains	Capitains	Capitains	Commandeur	Capitains	Capitains	Capitains
				1tes Bataillon				**2tes Bataillon**				**3tes Bataillon**			
das Regiment soll stark sein	Sergeanten	4	4	4	4	4	4	4	4	4	4	4	4	4	4
	Unterofficiers	3	3	3	3	3	3	3	3	3	3	3	3	3	3
	Corporals	5	5	5	5	5	5	5	5	5	5	5	5	5	5
	Rgt.s-Tambour			1											
	Hautboisten			6											
	Btl.s-Tambour	1						1				1			
	Tambours	3	3	3	3	3	3	3	3	3	3	3	3	3	3
	Pfeiffer	2	2												
	Artilleristen	4	4	4	4	4	5	4	4	4	5	4	4	4	5
	Schützen	10	10	10	10	10	10	10	10	10	10	10	10	10	10
	Gemeine	140	140	140	140	140	140	140	140	140	140	140	140	140	140
	Summa	172	171	176	169	169	170	170	169	169	170	170	169	169	170
davon	Einländer	132	131	101	94	94	95	95	94	94	95	95	94	94	95
	Ausländer	40	40	75	75	75	75	75	75	75	75	75	75	75	75
z.Dienst	Unterofficiers	10	10	10	10	10	10	10	10	10	10	10	10	10	10
	Spielleute	6	5	10	3	3	3	4	3	3	3	4	3	3	3
	Gemeine	86	86	86	86	86	86	86	86	86	86	86	86	86	86
beurlaubt	Unterofficiers	2	2	2	2	2	2	2	2	2	2	2	2	2	2
	Artilleristen	4	4	4	4	4	5	4	4	4	5	4	4	4	5
	Gemeine	64	64	64	64	64	64	64	64	64	64	64	64	64	64
A	Gemeine	10	10	10	10	10	10	10	10	10	10	10	10	10	10
B	Überkomplette	10	10	10	10	10	10	10	10	10	10	10	10	10	10
	Chirurgen	1	1	1	1	1	1	1	1	1	1	1	1	1	1
	Zimmerleute	2	2	2	2	2	2	2	2	2	2	2	2	2	2
	Art.-Unteroffic.	1		1				1							
Kriegs-Augmen. Einl.		10	10	10	10	10	10	10	10	10	10	10	10	10	10

Davon gehören die folgenden nicht zum Verpflegungs-Etat:

A = Gemeine, so in der Exercierzeit auf Urlaub bleiben.

B = Überkomplette, so der Capitain in der Exercierzeit verpflegt

Tableau No. 2

der neuen Formation eines Infanterie-Regiments welches den Grenadier Commandeur hat

			Compagnien												
			1tes Bataillon				2tes Bataillon				3tes Bataillon			
		1e Grenadier	2e Grenadier	Leib	Majors	Capitains	Commandeur	Commandeur	Capitains	Capitains	Capitains	Commandeur	Capitains	Capitains	Capitains
das Regiment soll stark sein	Sergeanten	4	4	4	4	4	4	4	4	4	4	4	4	4	4
	Unterofficiers	3	3	3	3	3	3	3	3	3	3	3	3	3	3
	Corporals	5	5	5	5	5	5	5	5	5	5	5	5	5	5
	Rgt.s-Tambour			1											
	Hautboisten			6											
	Btl.s-Tambour	1						1				1			
	Tambours	3	3	3	3	3	3	3	3	3	3	3	3	3	3
	Pfeiffer	2	2												
	Artilleristen	4	4	4	4	4	5	4	4	4	5	4	4	4	5
	Schützen	10	10	10	10	10	10	10	10	10	10	10	10	10	10
	Gemeine	140	140	140	140	140	140	140	140	140	140	140	140	140	140
	Summa	172	171	176	169	169	170	170	169	169	170	170	169	169	170
davon	Einländer	132	131	101	94	94	95	95	94	94	95	95	94	94	95
	Ausländer	40	40	75	75	75	75	75	75	75	75	75	75	75	75
beurlaubt z.Dienst	Unterofficiers	10	10	10	10	10	10	10	10	10	10	10	10	10	10
	Spielleute	6	5	10	3	3	3	4	3	3	3	4	3	3	3
	Gemeine	76	76	76	76	76	76	76	76	76	76	76	76	76	76
beurlaubt	Unterofficiers	2	2	2	2	2	2	2	2	2	2	2	2	2	2
	Artilleristen	4	4	4	4	4	5	4	4	4	5	4	4	4	5
	Gemeine	74	74	74	74	74	74	74	74	74	74	74	74	74	74
A	Gemeine	10	10	10	10	10	10	10	10	10	10	10	10	10	10
B	Überkomplette	10	10	10	10	10	10	10	10	10	10	10	10	10	10
	Chirurgen	1	1	1	1	1	1	1	1	1	1	1	1	1	1
	Zimmerleute	2	2	2	2	2	2	2	2	2	2	2	2	2	2
	Art.-Unteroffic.	1		1				1							
Kriegs-Augmen. Einl.		10	10	10	10	10	10	10	10	10	10	10	10	10	10

Davon gehören die folgenden nicht zum Verpflegungs-Etat:

A = Gemeine, so in der Exercierzeit auf Urlaub bleiben.

B = Überkomplette, so der Capitain in der Exercierzeit verpflegt

[49]

Tableau No. 3

der neuen Formation einer Depot Compagnie

die Compagnie soll stark sein		Sergeanten	1
		Unterofficiers	2
		Corporals	6
		Tambours	2
		Gemeine	120
		Summa	131
davon sind		Einländer	64
		Ausländer	64
zum Dienst		Unterofficiers	9
		Spielleute	2
		Gemeine	60
beurlaubt		Unterofficiers	
		Gemeine	60
B		Überkomplette	10
		Chirurgen	1

Die unter B = Überkomplette Aufgeführten gehören nicht zum Etat.

Tableau No. 4

der Platzierung der Officiers

Ein Regiment mit dem Grenadier-Commandeur			Staabs-Officier	Capitain	Staabs-Capitain	Premier-Lieut.	Seconde-Lieut.	Adjutant	Fähndrich	Summa
Compagnien		1ste Grenadier	1		1		3			5
		2te Greandier		1		1	2			4
	1tes Bataill.	Leib	1		1		2	1	1	6
		Majors	1		1		2			4
		Capitains		1		1	2			4
		Commandeurs	1		1		2		1	5
	2tes Bataill.	Commandeurs	1		1		1	1	1	5
		Capitains		1		1	2			4
		Capitains		1		1	2			4
		Capitains		1		1	2		1	5
	3tes Bataill.	Commandeurs	1		1		1	1	1	5
		Capitains		1		1	2			4
		Capitains		1		1	2			4
		Capitains		1		1	2		1	5
Summa des Regiments			**6**	**8**	**6**	**8**	**27**	**3**	**6**	**64**
Depot Compagnie			1		1		2			4
Summa										**68**

Von Gottes Gnaden Friedrich Wilhelm König von Preußen

Unsern gnädigen Gruß und geneigten Willen zuvor, Hochwohlgeborene Wohlgeborene Edle Beste hochgelahrte Räthe, besonders liebe und liebe Getreue!

Wir gaben Euch auf Euern Bericht vom 5ten vor: Monats worin Ihr darauf antragt, Euch zu Eurer Richtschnur und Verhalten bei Realisierung der unmittelbar beschlossenen Veränderung in der Formation der Infanterie mit den nähern Details dieser Veränderungen und darauf Bezug habenden speciellen Etats zu versehen, hiermit zu vernehmen, wie dies noch nicht geschehen kann, indem nach der desfalls untern 5ten July c. ergangenen Euch mittelst Reskripts vom 14ten August c. abschriftlich mitgeteilten Kabinetts Ordre, der Zeitpunkt, wenn mit der neuen Formation vorgeschritten werden soll, unmittelbar bestimmt werden wird, bis dahin aber alles in seiner bisherigen Ordnung bleiben und nichts verändert werden soll[2]. Sind Euch mit Gnaden und geneigten Willen wohl beigetan und gewogen.

Gegeben Berlin den 13ten October 1806

Auf Seiner Königlichen Majestät Allergnädigsten Spezial-Befehl

An
die Ostpreußische Kriegs und Domainen
Cammer

---

[2] Die AKO vom 05.07.1806 sowie dieses Scheiben an die Ostpreußische Kammer ist als Grund zu vermuten, warum die in Ostpreußen mobil gemachten 3ten Bataillone mit ihren 3pfd.gen Kanonen ausgerückt sind. Die AKO vom 05.07.1806 kann für einen Wegfall der Bataillonsgeschütze der 3ten Bataillone während der Mobilmachung 1806 nicht als Beweis oder Anordnung herangezogen werden. Entweder gibt es weitere Befehle, die den Wegfall anordnen oder aber der Wegfall erfolgte im voraus eilenden Gehorsam entgegen der ausdrücklichen Anweisungen der AKO zur strikten Beibehaltung des Status quo bis auf weiteren Befehl.

In der Reihe Beiträge zur altpreußischen Militärgeschichte bis 1806/07 sind bisher erschienen bzw. werden erscheinen

No. 1 Instruktion für die Infanterie-Regimenter und Füsilier-Bataillons betreffend die Mannszucht und Ordnung im Felde vom 12.03.1790

No. 2 Instruktion für die Kavallerie-Regimenter betreffend die Mannszucht und Ordnung im Felde vom 12.03.1790

No. 3 Die preußische Feld-Artillerie im Jahr 1806 (I)
Organisation, Material, Bedienung, Ausbildung

No. 4 Die preußische Feld-Artillerie im Jahr 1806 (II)

No. 5 Die preußische Feld-Kriegs-Kommissariat und deren Branchen zwischen 1799 und 1806

No. 6 Mobilmachungsbestimmung sowie Etat für das Infanterie-Regiment von Möllendorff vom 01.01.1800